ICH KANN VON GLÜCK REDEN.

ANMERKUNGEN ZU EINEM BESONDEREN PHÄNOMEN

Marlene Droop

ICH KANN

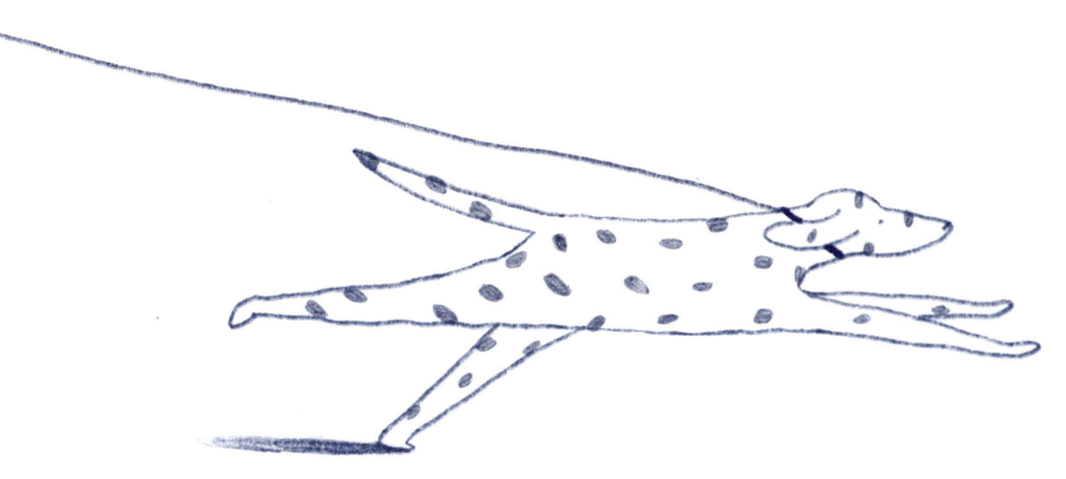

VON

GLÜCK REDEN

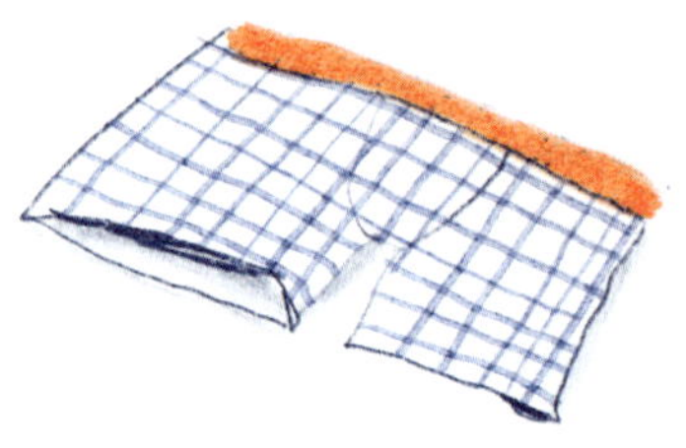

DASS ES

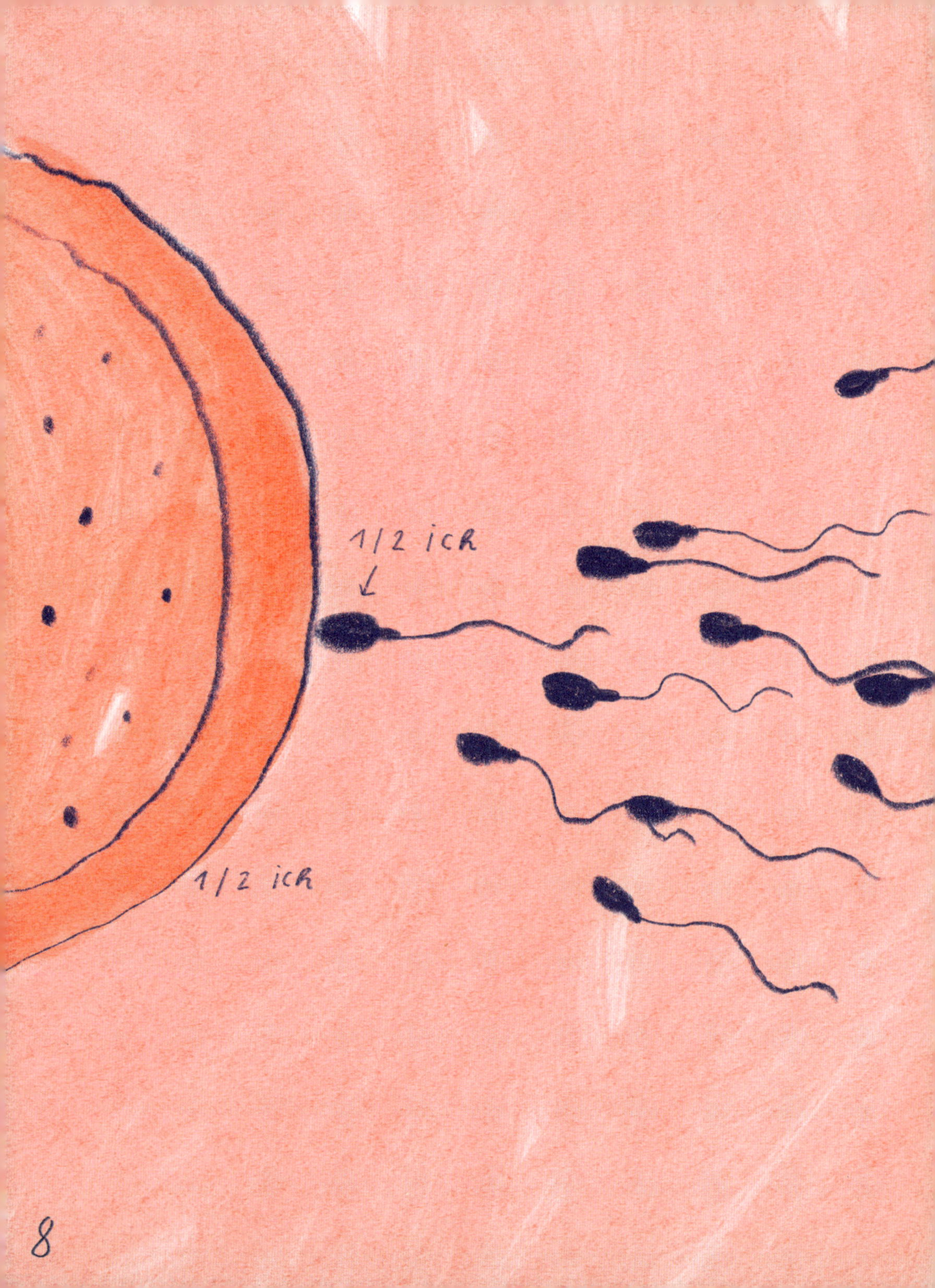
1/2 ich
1/2 ich

MiCH GiBT.

OHNE

MEIN

ZUTUN

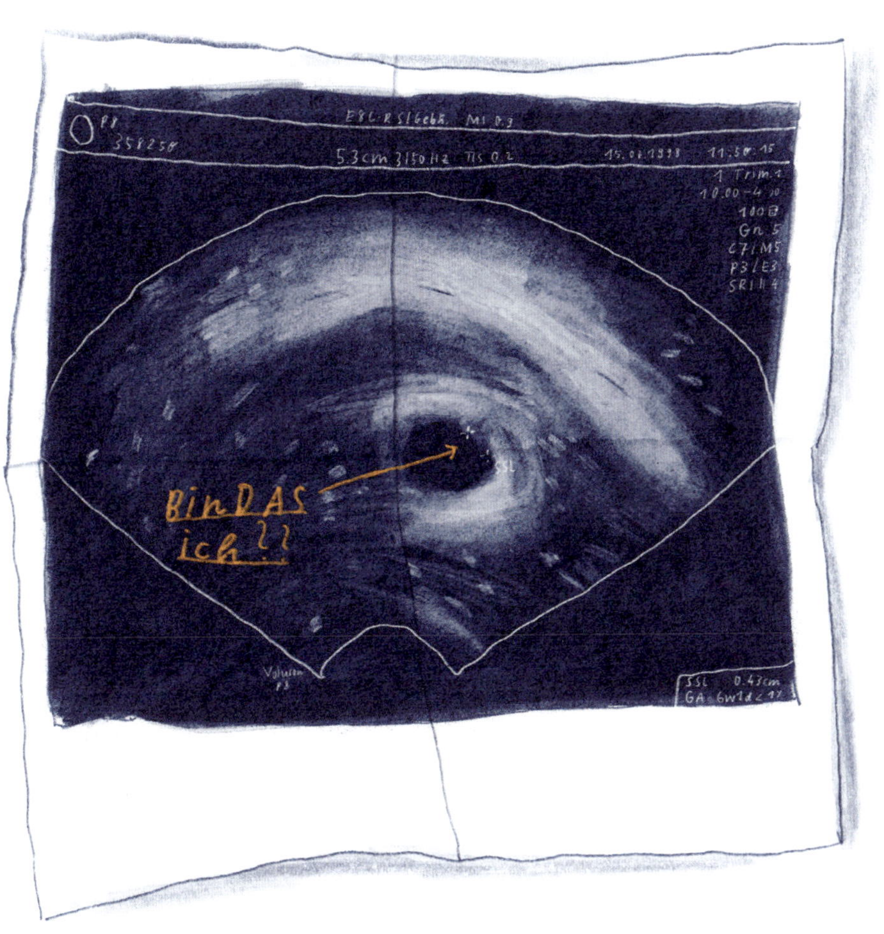
Bin DAS
ich??

BIN ICH GEBOREN, WO ICH GEBOREN WURDE

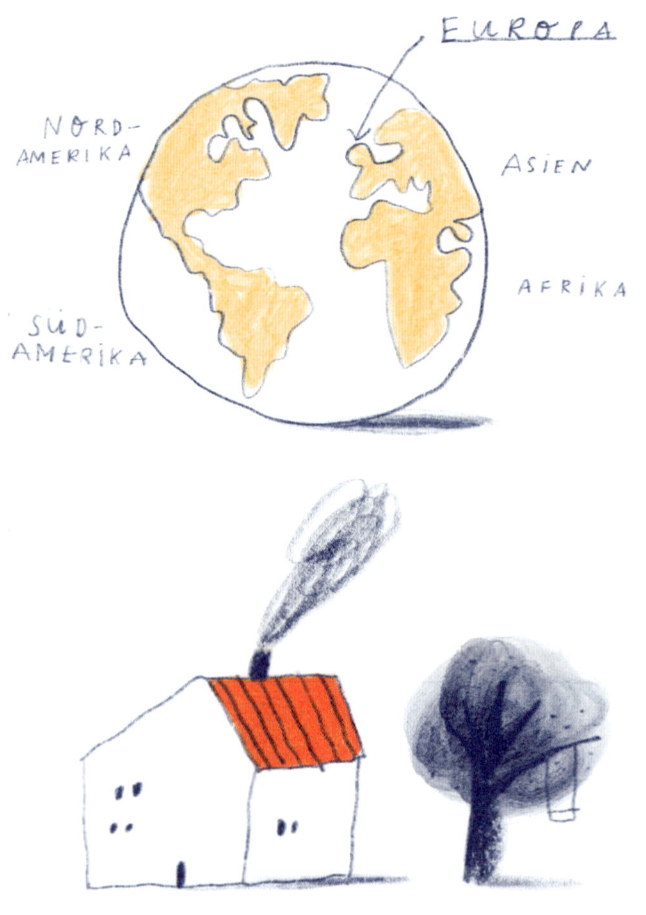

Und aufgewachsen, wo ich aufgewachsen bin.

GLÜCK

UN-

VER-

SCHÄM-

TES

GLÜCK.

Der Urknall ist vielleicht das Einzige, wo du GANZ, GANZ, GANZ VIELLEICHT an Schicksal glauben kannst.

Entwicklung des Universums

Entstehung von Galaxien, Planeten und Co.
13,8 Milliarden Jahre

https://languages.oup.com/google-dictionary-de/

[ˈʃɪkzaːl]

SCHICKSAL, das

Substantiv, NEUTRUM

von einer höheren Macht über jemanden Verhängtes, ohne sichtliches menschliches Zutun sich Ereignendes, was jemandes Leben entscheidend bestimmt

Was ist die HÖHERE MACHT?

[glyk]

GLÜCK, das

SUBSTANTIV, Neutrum

etwas, was Ergebnis des Zusammentreffens besonders günstiger Umstände ist; besonders günstiger Zufall, günstige Fügung des Schicksals

ICH glaube eher an ZUFALL.

ES GIBT ZWEI ARTEN VON GLÜCK

MEIN GLÜCKS-GEFÜHL KOMMT VON

MICH MACHT GLÜCKLIC

1.

2.

3.

4.

5.

MICH macht etwas ganz anderes glücklich als DICH.

Für den
Großteil
meines
Glücks
kann ich
jedoch rein
garnichts.

ES FÄLLT MIR
EINFACH ZU

SO RICHTIG
meines Glückes
Schmiedin *
BIN ICH ALSO
NICHT
* Weitere sinnvolle und
weniger sinnvolle Kalender-
sprüche am Ende →

DENN 50% MEINES GLÜCKS SIND MIT MEINER GEBURT FESTGELEGT.

Reichtum, Schönheit und Gesundheit ABHÄNGIG.

Kann ich selbst bestimmen.

GENAUSO
WENIG WIE
UNSER GLÜCK,
HABEN WIR
UNSER PECH
VERDIENT.

ungelogen.

WENN DIE SCHWARZE KATZE GESTERN NICHT VON LINKS MEINEN WEG GEKREUZT HÄTTE

HÄTTE ICH MEINEN WECKER HEUTE MORGEN BESTIMMT GEHÖRT.

WECKER

WECKER
SPÄT

WECKER
ZU SPÄT
UND HÄTTE
MICH NICHT
NOCH EINMAL
UMGEDREHT.

Dann hätte ich
nicht verschlafen

Bus
kommt

Sicher wäre mein Marmeladenbrot nicht kopfüber auf den Küchenboden

UND ICH HÄTTE DEN
BUS NICHT VERPASST.

Dann hätte ich nicht mit dem Rad fahren müssen

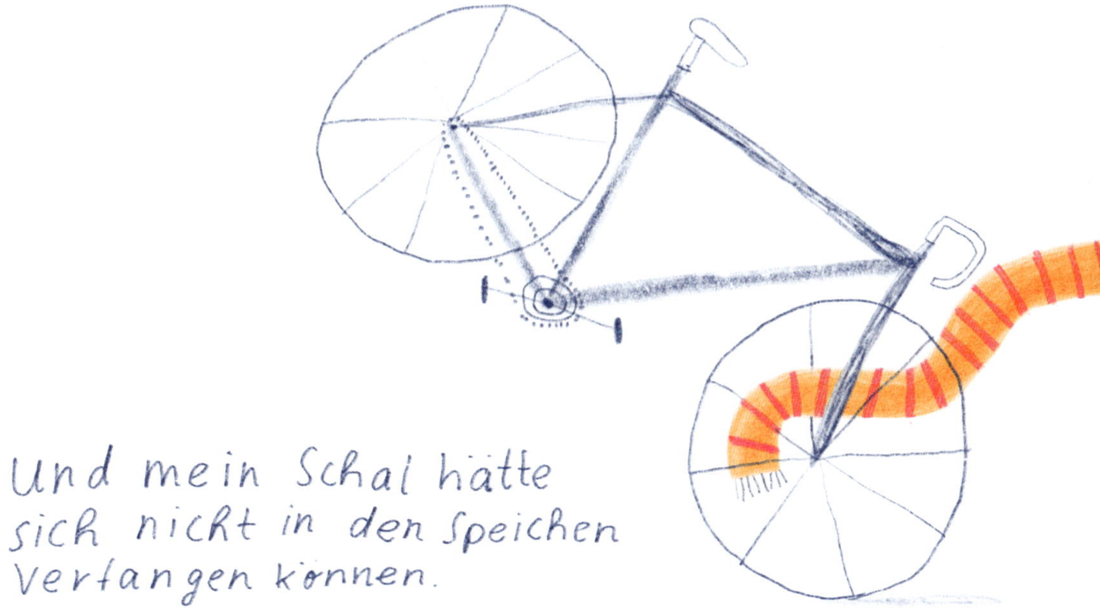

Und mein Schal hätte sich nicht in den Speichen verfangen können.

Zum Pech

↓

Kurzum. Ich hätte sicher NICHT so einen verdammt spektakulären KOPFSPRUNG in Richtung PECH hingelegt.

https://languages.oup.com/google-dictionary-de/

[pɛç]

SUBSTANTIV, NEUTRUM

zähflüssig-klebrige, braune bis schwarze
Masse, die als Rückstand bei der
Destillation von Erdöl und Teer anfällt

ODER

unglückliche Fügung; Missgeschick,
das jemandes Vorhaben, Pläne durchkreuzt

Es hat eindeutig Murphys Gesetz zugeschlagen.

– ALLES, WAS SCHIEFGEHEN KANN, WIRD AUCH SCHIEFGEHEN

ZUM GLÜCK KONNTE ICH

HERAUSFINDEN,

WIE ICH

MEIN PECH

WIEDER LOS WERDE.

TIPP NUMÉRO EINS:

Eine Prise Salz über meine linke Schulter streuen.

ich weiss
ja nicht..

DER ZWEITE TIPP:

Ein vierblättriges Kleeblatt in einer Kleewiese finden.

Drittens:
Das Pech
mit viel Licht
loswerden?

sieht immerhin
ganz nett aus.

uuuund
Oma
präsentiert

TIPP NUMMER 4:

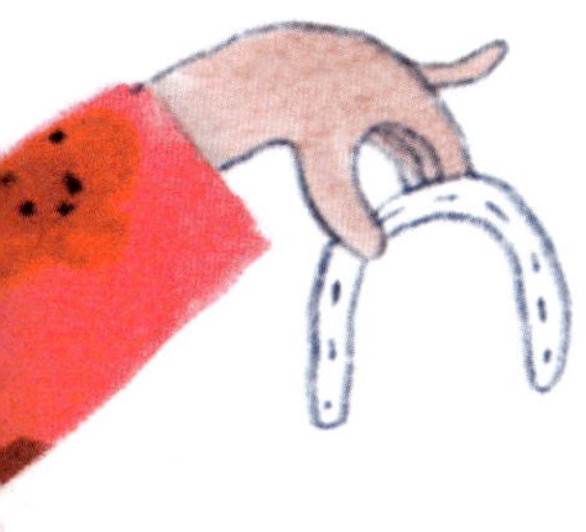

Glücksbringer.
Hufeisen zum Beispiel.
Aber Oma! Anders herum,
so fällt doch das Glück
heraus! Und Schornstein-
feger bringen übrigens
auch Glück. Und Fliegen-
pilze! Außer du isst sie.

ABER EIGENTLICH HAT MICH DER PLAUSCH MIT OMA AM GLÜCKLICHSTEN GEMACHT. ♥

Sooooooo schööön hier

Wie ich so zufrieden in Omas Garten saß, kam mir ein Gedanke:

WEG MIT DEM SCHÖNEN

Weil es liegt doch im menschlichen Dasein ein bisschen unglücklich zu sein.

IM ERNST.
SONST WÜRDEN
WIR DOCH NOCH
IMMER WIE ADAM
UND EVA LEBEN.

haben gerade festgestellt, dass sie nackt sind.

Irgendwas hat ihnen wohl nicht gepasst und so fing alles an.

Oder vor 1,8 Millionen Jahren mit dem Homo …

Wenn die Menschen
genügsam und mit allem
zufrieden gewesen wären,
würde es vieles nicht
geben, was wir heute haben.

Kameras z.B.

Flugzeuge!

Oder Elektrizität

Ganz sicher würde mir mein Wecker nicht so auf den Wecker gehen.

Und die schwarze Katze hätte sicher nicht in so einem rasanten Auto sitzen können.

ZUMINDEST UNSERE UMWELT HÄTTE SICH GEFREUT, WENN WIR

AUCH MAL ZUFRIEDEN
GEWESEN WÄREN
REICH
zum
Mars

und das ein oder andere

Tier ebenso.

ALSO NOCHMAL:

Es liegt im menschlichen Dasein, ein bisschen unglücklich zu sein.

Streben wir deshalb so sehr nach

GLÜCK?

UND DANACH, IMMER ALLES POSITIV SEHEN ZU MÜSSEN?

*weitere sinnvolle und weniger sinvolle Kalendersprüche am Ende →

dein Glas
halbvoll.*

EIN GLAS HALBVOLL →

Mal ein Perspektivwechsel, warum ich mein
Glas manchmal auch als halbleer betrachte.

MEIN GLAS HALB LEER →

Dann mal los.

EIN GLAS HALBVOLL →

Hach.

Hach.

MEIN GLAS HALBLEER →

im Supermarkt

ab nach Hause

EIN GLAS LEER.

HUCH

MEIN GLAS VOLL.

Damit will ich nicht sagen, dass du dein Glas immer halbleer sehen musst, denn positiv denken ist wichtig.

ich will nur sagen, manchmal darf ich mein Glas auch mal halbleer betrachten. UND MANCHMAL HAT ES AUCH SCHON GEHOLFEN.

Vor allem sollten wir dabei nicht vergessen, dass garnicht jedes Glas

GLEICHVOLL IST.

PUH.
UND SELBST-
LIEBE ALS WEG
ZUM GLÜCK?

Hmm.

Es gibt schon Sachen, die ich klasse an mir finde.

Brillen stehen mir zum Beispiel immer supergut.

und meine Kekse schmecken hervorragend. Zumindest die für Hunde. Glaube ich.

und im Sommer hab ich lustige Sommersprossen.

ABER EIGENTLICH IST DAS TROTZDEM …

QUATSCH MIT

Muss ich es lieben, dass ich <u>prokrastiniere</u>, wenn

Wichtige Aufgaben anstehen?

MUSS ICH ES LIEBEN, DASS ICH MICH NICHT TRAUE, BEIM LIEFER-DIENST ANZURUFEN?

Schon klar, heute gibts Apps dafür, gut, ein Problem weniger.

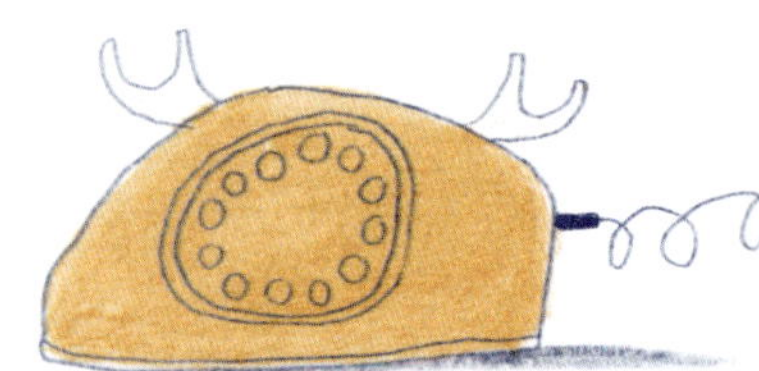

Ciao!
Hallo?
Halloooo?

Wollte jetzt hier sein, hab ich zeitlich nicht geschafft.

Muss ich es lieben, dass ich immer zu spät dran bin?

UND ÜBERHAUPT,

WIE WEIT

MUSS, SOLL, DARF

MEINE SELBSTLIEBE

GEHEN?

DU BIST PERFEKT,
SO WIE DU BIST.

DU BIST DER WICHTIGSTE
MENSCH IN DEINEM LEBEN.

FOKUSSIERE DICH
AUF DICH SELBST

DENKE IMMER
ZUERST AN DICH.

Ganz schön anspruchsvoll.

Und das Problem dabei ist, dass ich, wenn ich zu übertriebener Selbst~~fürsorge~~liebe neige, oft garnicht merke, dass ich andere vergesse.

ALSO AM BESTEN
PASST DU AUF,
DASS DU BEI DER
GANZEN SELBSTLIEBE
NICHT ZUM
ARSCHLOCH WIRST.
OK?

ICH MUSS
MICH NICHT
LIEBEN, ES
REICHT VÖLLIG
AUS, MIT MIR
BEFREUNDET
ZU SEIN

PUNKT.

Was übrigens am Schnellsten* glücklich macht: Essen.

* aber auch am wenigsten nachhaltig

Schokolade macht
bekanntlich besonders
glücklich.

und wenn ich

RATGEBER ÜBER GLÜCK ×

in die Suchmaschine tippe,
bekomme ich 22.200.000 Ergebnisse.

DAS HIER IST
KEINS DAVON.

ABER EIN PAAR VON DEN
5.140.000 GLÜCKSZITATEN
HABE ICH NOTIERT:

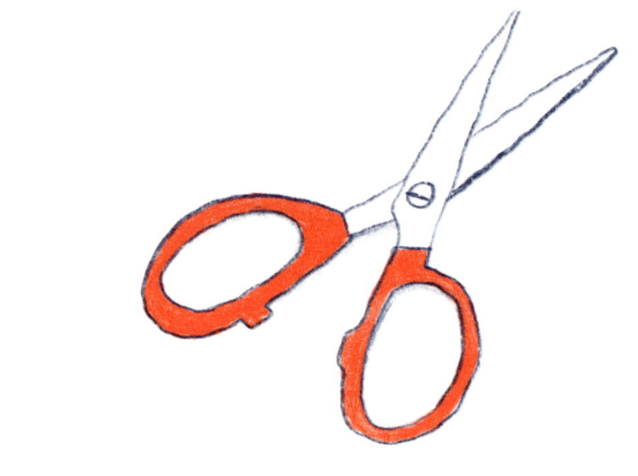

~~Wunderbare~~ Zitate:

such dir aus ...

- an die Pinnwand damit
- als Kaugummizettel
- fürs Runterspülen im Klo
- als Grillanzünder
- wenn die Nase läuft
- für deinen Kühlschrank

oder, oder, oder ...

„Wer nicht zufrieden ist mit dem, was er hat, der wäre auch nicht zufrieden mit dem, was er haben möchte."
BERTHOLD AUERBACH

Carpe diem
HORAZ

NICHT WER WENIG HAT, SONDERN WER VIEL WÜNSCHT, IST ARM. Seneca

Wende dein Gesicht der Sonne zu, dann fallen die Schatten hinter dich.

AUS EINEM GLÜCKSKEKS

ein Klassiker:

GLÜCK IST DAS EINZIGE, DAS SICH VERDOPPELT, WENN MAN ES TEILT. Albert Schweitzer

Ein Spruch, der dafür sorgt, dass deine Nackenhaare sich aufstellen: ______

______

______

______

______

______

DA ES SEHR FÖRDERLICH FÜR DIE GESUNDHEIT IST, HABE ICH BESCHLOSSEN, GLÜCKLICH ZU SEIN.
voltaire

Es gibt viele Wege zum Glück. Einer davon ist, aufhören zu jammern.

ALBERT EINSTEIN

JEDER IST SEINES GLÜCKES SCHMIED.

GLÜCK LÄSST SICH NICHT ERZWINGEN, ABER BEI HARTNÄCKIGEN MENSCHEN GIBT ES MANCHMAL NACH.

Unbekannt

Glück ist die Summe schöner Momente, die du während deines Lebens gesammelt hast.

UNBEKANNT.

Glück ist das Einzige, was wir anderen geben können, ohne es zu haben

CARMEN SYLVA

Das GLÜCK IST IMMER DA ... es macht nur manchmal URLAUB. my-pebbles.de

SOKRATES:

Das wahre Glück ist: Gutes zu tun.

EIN SPRUCH, VON DEM DU DENKST, DER TAUGT WAS:

GLÜCK IST LIEBE, NICHTS ANDERES. WER LIEBEN KANN IST GLÜCKLICH.

Hermann Hesse

Moment, bevor jetzt hier die Seiten zugeklappt werden, wollte ich noch ein D A N K E! loswerden an alle, die immer dafür sorgen, dass mein Glas halbvoll, manchmal sogar fast voll und niemals ganz leer wird!

UND MIR WURDE GESAGT, ICH SOLL MICH NOCH KURZ VORSTELLEN. ALSO: HI, ICH BIN MARLENE, ILLUSTRATORIN (UND IRGENDWIE JETZT WOHL AUCH AUTORIN) AUS MÜNSTER. ↓

Das da unten bin ich und du hälst gerade mein allererstes Buch in deinen Händen. Was ich noch sagen möchte:

Erstens: Glücksratgeber finde ich ganz furchtbar. Zweitens: Dieses Buch ist im Rahmen meiner Bachelorarbeit entstanden. Drittens: ich habe alles, was ich hier so erzähle von einem Psychotherapeuten checken lassen. Und zu guter Letzt: ich bin sehr gespannt, und auch ein bisschen aufgeregt, wie das Buch bei dir ankommt! Und jetzt: Tschüssi!

5 4 3 2 1 28 27 26 25 24
ISBN 978-3-649-64688-4

Hafenweg 30, 48155 Münster Germany

Text, Illustration und Gestaltung:
Marlene Droop

PRINTED IN ITALY
WWW. coppenrath.de

GLÜCK IST GAR NICHT SO EINFACH, WIE ES TUT.

UND VOR allem ist Glück eins: seit meiner Geburt festgelegt. Zumindest zu immerhin 60 %.

GEDANKENGÄNGE ÜBER GLÜCK UND UNGLÜCK, halbvolle, volle und leere Gläser, das unglückliche menschliche Dasein und warum Selbstliebe Quatsch mit Soße sein kann.